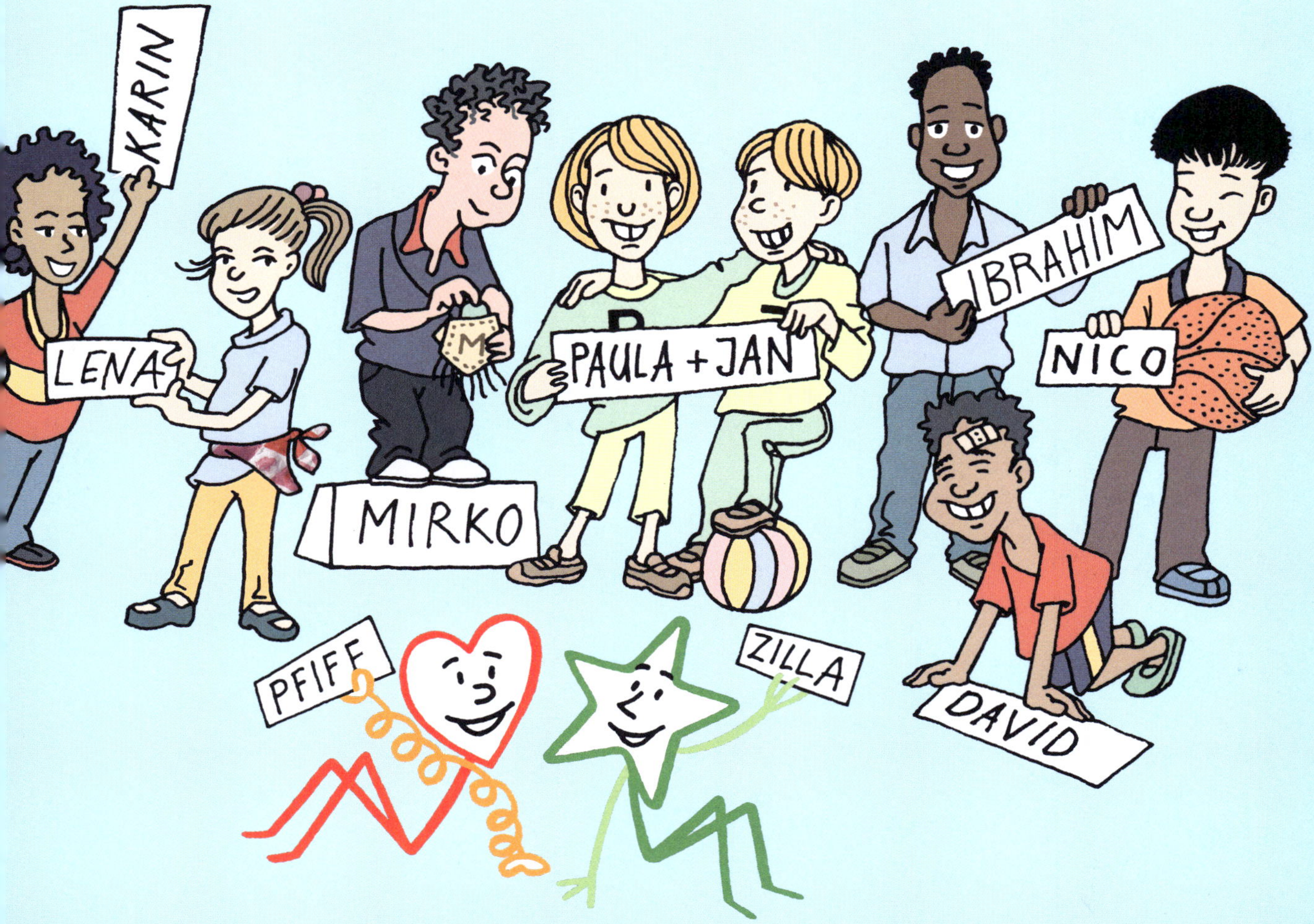

D1746305

HOPPLA

HOPPLA

Deutsch für mehrsprachige Kindergruppen   2

- Lieblingstiere
- Tierrätsel
- Fabeltiere
- Tag und Nacht
- Zusammen spielen
- Kleine Tiere
- Essen und trinken
- Tiergeschichten

Seite 6 — 1

Seite 14 — 2

Seite 20 — 3

Seite 26 — 4

Seite 34 — 5

Seite 42 — 6

Seite 50 — 7

Seite 58 — 8

Lieblingstiere

1

1 A 7
1 4

Lieblingstiere

So heissen die Tiere

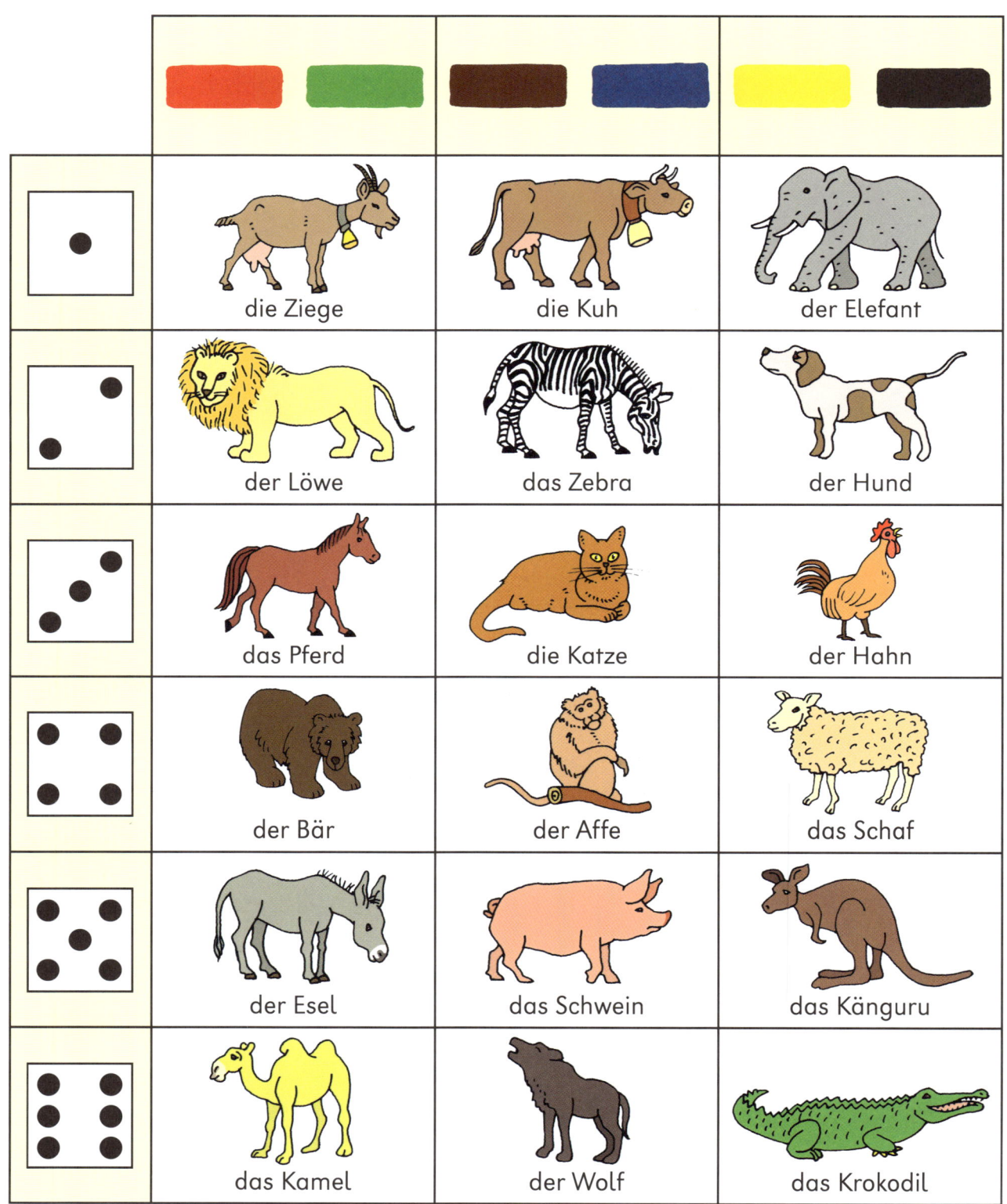

Z A 5–6

	🟧 🟩	🟫 🟦	🟨 ⬛
⚀	die Ziege	die Kuh	der Elefant
⚁	der Löwe	das Zebra	der Hund
⚂	das Pferd	die Katze	der Hahn
⚃	der Bär	der Affe	das Schaf
⚄	der Esel	das Schwein	das Känguru
⚅	das Kamel	der Wolf	das Krokodil

Über das Lieblingstier reden

Lieblingstiere

Die Katze Katy

Das Huhn Hulda

Tiere im Winter

1

♪ 2 | 1 | A
8–9 | 8–10 | 11–12

Lieblingstiere

Was hörst du?

"Miaumiau" "Quää Quää" "Muhuuuh" "Gagagagagagaa" "Kikeriki" "Grrrrr" "hiiiii" "Bähähääää" "Mähääääää" "Jaiaaaa Jaia" "Grrrr" "ouuuuh" "Pips pi" "Wauwau Wau"

Was siehst du?

Ein Zebra geht spazieren

Tierrätsel

14

2

15

Tierrätsel

So heissen die Körperteile

	1	das Bein	der Kopf	der Bauch
	2	die Pfote	das Ohr	der Hals
	3	der Huf	die Schnauze	die Mähne
	4	die Kralle	der Schnabel	der Höcker
	5	der Flügel	das Horn	der Schwanz
	6	die Feder	der Rüssel	der Kamm

Rätsel

Tierrätsel

Lieblingstiere vergleichen

Ein Picknick am Waldrand

Fabeltiere

3

A
21
22–23

Fabeltiere

Mein eigenes Fabeltier

Über das Fabeltier erzählen

Fabeltiere

Ptiptapaptuzzi geht in den Zoo

Ptiptapaptuzzi und der Knabe

Riduschilein will anders sein

Tag und Nacht

4

SEE-
ZEITUNG

Tag und Nacht

Am Morgen

Am Mittag

Tag und Nacht

Am Nachmittag

Am Abend

Tag und Nacht

In der Nacht

Burim hat Pech

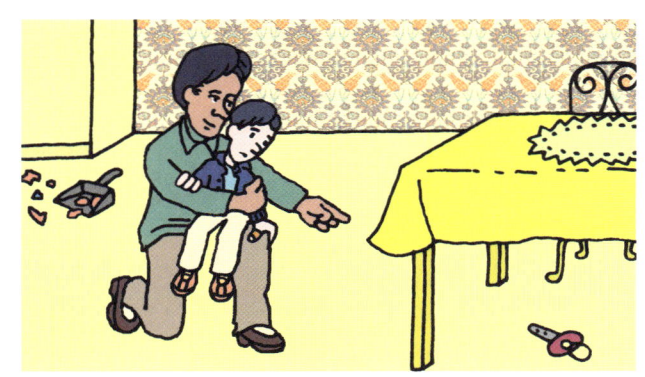

Zusammen spielen

5

Zusammen spielen

Ria und Karin

Burim und David

Zusammen spielen

Du oder ich?

Mit dem Ball spielen

Einen Freundschaftskampf machen

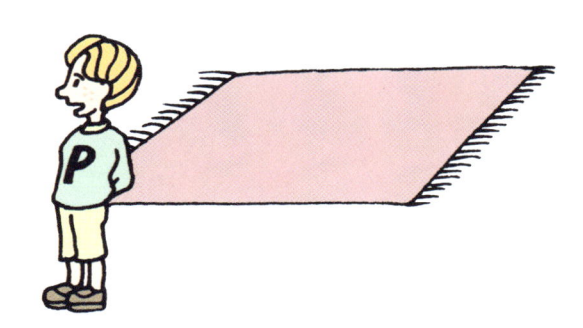

Zusammen spielen

Das Spiel geht so

B
9–10

Auf dem Heimweg

Kleine Tiere

6

43

Kleine Tiere

So heissen die Tiere

•	der Hase	die Fliege	der Fisch
••	der Käfer	der Frosch	die Mücke
•••	die Ente	die Ameise	der Fuchs
••••	die Biene	der Wurm	der Vogel
•••••	der Schmetterling	die Maus	die Spinne
••••••	der Igel	die Wespe	das Reh

So bewegen sich die Tiere

Kleine Tiere

Wenn ihr mal ein Summen hört

Wer sticht?

Jan und der Stich

die Biene

die Wespe

Kleine Tiere

Eine Spinne im Schulzimmer

die Spinne

der Käfer

Ein hübscher bunter Schmetterling

Essen und trinken

50

7

FEBRUAR
29

51

Essen und trinken

Früchte und Gemüse

1	die Kartoffel	die Tomate	die Traube
2	die Banane	die Bohne	die Aprikose
3	die Erdbeere	die Zitrone	die Gurke
4	die Peperoni	die Karotte	die Mandarine
5	die Nuss	die Orange	die Birne
6	der Apfel	der Salat	der Pilz

Im Schlaraffenland

Essen und trinken

Besuch kommt

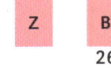

Eine Überraschung für Pfiff

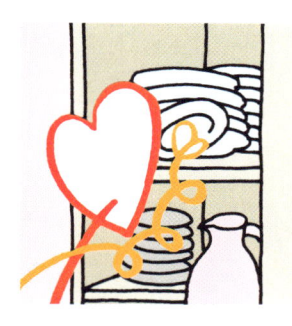

Riecht das gut?

Essen und trinken

Einkaufen spielen

56

Im Schlaraffenland

7

2
23–26

Z

B
31

Tiergeschichten

Milch-Bar
Milch
Bananenmilch
Schokoladenmilch
Erdbeermilch

Frische Kirschen

Der verrückte Zoo

SOFORT TAXI

Eingang Giraffenrutschbahn →

ZOO Direktor

Ausgang

8

Tiergeschichten

Das verschwundene Meerschweinchen

Wo bist du?

Der verschwundene Dackel

Wo bist du?

Die Vogelscheuche

Tiergeschichten

Der zufriedene Wolf

Tiere verzaubern

ilz Lehrmittel der Interkantonalen Lehrmittelzentrale

Autorenteam
Gabriela Bai, Claudia Neugebauer, Claudio Nodari, Susanne Peter

Projektleitung
Claudio Nodari, Roman Schurter

Projektbegleitung
Otto F. Beck, Roland Kromer

Herstellung
Marcel Walthert

Fachberatung
Elisabeth Ambühl-Christen, Silvia Hüsler, Basil Schader, Naxhi Selimi

Begleitkommission
Clem Göldi, Annette Hänni, Anja Hefti, Marie Thérèse Pieren, Marianne Rauber, Brigitte Wiederkehr Steiger, Monika Wymann

Illustrationen
Marc Locatelli

Kolorierung
Vaudeville Studios, Zürich

Gestaltung
Bernet & Schönenberger, Zürich

Korrektorat
Christoph Gassmann

© 2011 Schulverlag plus AG   Lehrmittelverlag Zürich
1. Auflage 2011

ISBN 978-3-292-00636-3 (Schulverlag plus AG)
ISBN 978-3-03713-530-3 (Lehrmittelverlag Zürich)

Das Lehrmittel und seine Teile sind urheberrechtlich geschützt. Nachdruck, Vervielfältigung jeder Art oder Verbreitung – auch auszugsweise – nur mit vorheriger schriftlicher Genehmigung des Verlags.

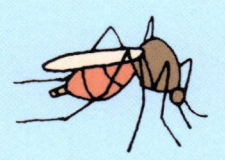

der Affe	die Ameise	der Bär	die Biene
der Fisch	die Fliege	der Frosch	der Fuchs
der Igel	der Käfer	das Kamel	das Känguru
der Löwe	die Maus	die Mücke	das Pferd
das Schwein	die Spinne	der Vogel	die Wespe